JN409235

채운재 詩選 66

金 運 中 紀行民調詩 第5集

雲海 9만리

단기 4349
서기 2016
도서출판 채운재

제1부 몽골

제2부 미얀마

제4부 중국

제5부 태국

한(韓)의 고향(故鄕)
'나담축제' 풀밭
아리랑 '거링거'
알타이 고비 쌍봉
풀구릉 물구릉
덜지닥바
칭기스 라마
고비 공룡
봄볕 드는 몽골
울란바타르
흐미야 '흐미'

한(韓)의 고향(故鄕)

칭기스 말달리던
구름 넘어엔
은하(銀河)지킨 별빛.

알타이 우랄 등성
이고 잔 풀밭
지구별 양탄자.

햇볕 쬔 하늘 땅 칸*
푼살마긴 오치르바트*
새나라 새 머슴.

손에 손 마주잡은
어머니의 끈
몽골리안 반점.

*칸 : 지도자. 임금.
*푼살마긴 오치르바트 : 몽골 초대 대통령(민주화 직선. 1993년).

〈2012. 4. 3. 몽골 울란바타르에서〉
World Poetry(世界詩文學) Vol,30/2012. 게재.

'나담축제' 풀밭

1.
옷마름 날잡은 꾼
신(神)의 영감(靈感) '델'*
춘추는 가위질.

2.
휘두른 말갈퀴는
푸른땅 나무,

무지개도 뛴다.

3.
미투리* 낙타안장
활튕긴 목동
우담바라 피리.

4.
때때옷 '나담축제'
말탄 양떼들
알타이 한 가족.

*델:몽골 전통 옷. 중국 복식에 영향을 줌
*미투리:짚신
*나담축제:경마. 활쏘기, 씨름을 주 종목으로 하는 몽골의 전통적인 축제.

〈2012. 6. 27. 울란바타르 국립공원 테를지 '게르'에서〉
2015 한국문협 '계절문학' 가을호(32) 원고제출.

아리랑 '거링거'*

1.
떠나와 적신 초원 '이친 허르러'*
아리랑 '거링거'.

2.
서슬 핀 레닌 칼날 속탄 창가는
바늘 끝 유성기.

3.
은비녀 땋은 댕기 권련 파이프
홀로 돋운 목청.

4.
라마승 '부진일함'* 총각 새 쫓는
창가 가수 왕비.

*거링거 : 한국의 '아리랑' 같은 몽골 민요곡.
*이친허르러 : '거링거'를 1933년 모스크바에서 녹음한 몽골 국민가수.
*부진일함 : '거링거'에 심취한 부족왕비. 40세에 미망인이 된 뒤 라마승이 됨. 나중에는 '거링거'가수가 되어 행사 때 가끔 노래를 불렀다 함.

〈2012. 6. 29. 울란바타르 문화공연 관람 중〉
2015 한국문협 '계절문학' 가을호(32) 원고제출.

알타이 고비 쌍봉

1.
버팅긴 눈발자국
'아흐 야보긴'* 목동 노래는
"낙타 메달린, 가난한 아이들".

2.
'아이락'* 빚는 아낙 '돌로그 리마'*
달리는 낙타 춤.

3.
줄지은 '할흐'* 대상(隊商) 햇살 가린 봉,
'간조르·단조르'*.

4.
알타이 고비 쌍봉 하늘 점[卜]치는
물풍선 출렁 혹.

*아흐 야보긴, 돌로그 리마 : 몽골의 시인들 이름.
*아이락 : 낙타젖으로 만든 몽골 술이름.
*간조르, 단조르 : 1910년 자카르타에서 완성된 108권, 220권의 몽골대장경.
*할흐 : 실크로드 고비사막 대상(隊商)을 일컬음.

〈2012. 6. 28. 울란바타르에서〉

새정형시 3·4·5·6조 '民調詩學' 제7호(2013. 하반기) 揭載.

풀구릉 물구릉

1.
휘저은 몽골하늘 무지개 마을
별빛 구릉 물결.

2.
툴바 강* 갈 말 탈 말
엉거주춤 말
고삐 풀린 암말.

3.
조랑말 이고 자는 양털가죽 '델'*
한 핏줄 말꾼들.

4.
소 말 양, 염소 낙타
검둥 털 야크
자유로운 영혼,
4천만 한가족.

*툴바 강 : 울란바타르 시를 흐르는 강이름.
*델 : 몽골 전통복.

〈2012. 6. 27. 울란바타르 국립공원 태를지 '게르'에서〉
새정형시 3·4·5·6조 '民調詩學' 제7호(2013. 하반기) 揭載.

덜지닥바*

1.
리듬 탄 '덜지닥바' 부르던 노래
몽골 창가 단가.

2.
매사냥 수리깃털
챙긴 말발굽
흔든 여우꼬리.

3.
손바닥 가른 하늘 백조의 호수
'어윤'*의 발꿈치.

4.
모래산 풀밭넘어 베링해 얼음
고함친 인디언.

*덜지닥바 : 몽골의 20세기 가수 겸 작곡자.
*어윤 : 레닌그라드 무용학교에서 공부한 몽골 발레거목. 요절. 1952년생.

〈2012. 6. 29. 울란바타르 테를지에서〉
2015 한국문협 '계절문학' 가을호(32) 원고제출.

칭기스 라마

바랑 멘 '에르덴조' *티벳 라마 승
몽골 3장 법사.

돌리던 양철깡통
새 세상 깨운 모래사원 아침.

흐르는 동녘 샛강
'신이 버린 땅' 하늘 땅 '헨티'*,
휘파람 된 피리.

양떼들 구름 좇는 따게비 등 겔*
큰손 치른 쉼터.

*에르덴조:'하르홀린'지역에 있는 라마사원. 공산주의 시절 철폐 후 재건.
*헨티:칭기스 칸의 고향.
*겔:유목민들의 주거용 둥근 천막 집.

〈2012. 6. 29. 울란바타르 공원에서〉
새정형시 3·4·5·6조 '民調詩學' 제7호(2013. 하반기) 揭載.
2014. 3. '문예감성' 원고제출.

고비 공룡

1.
너른숲 회리바람 불덩이운석
나딩군 아우성.

2.
모래위 돌편지엔 춤추는 공룡
천만 년 하늘가.

3.
엉킨 뼈 용암구덕 꿈속의 살점
돌이 된 중생대.

4.
쬔 햇볕 가라앉은 소금모래펄
코뚜레 말뚜레.

*몽골 서부지방 사막은 현세 발견 된 중생대 공룡의 서식지.

〈2012. 6. 30. 몽골에서〉

새정형시 3·4·5·6조 '民調詩學' 제7호(2013. 하반기) 揭載.

봄볕 드는 몽골

1.
'샴베노 바이를라'* 서슬 러시어
밀린 기릴 문자*.

2.
풀 뿌리 쪼아 내린 고비 찬바람
애는 자작등걸.

3.
마사토 솟은 민둥 바위 탄 구름 거북을 만든다.

4.
춤추는 은사시 꽃
툴바 강 번개
봄볕 드는 몽골.

*샴베노 바이를라 : 몽골 말. 안녕하세요 감사합니다.
*기릴문자 : 마케토니어 기릭형제에 의해 창안된 문자로, 몽골 고유문자.
*툴바 강 : 울란바타르 시내를 흐르는 강 이름.

〈2012. 6. 30. 몽골 울란바타르에서〉
새정형시 3·4·5·6조 '民調詩學' 제7호(2013. 하반기) 揭載.

〈몽골〉
면적 : 1,564,500㎢. 인구 : 280만명(가축4000만두). 수도 : Ulaanbataar(울란바타르).
정부체제 : 민주주의(대통령제.의회제). 통화 : Tugrug(투그륵).
언어 : 몽골 어, 하스카 어 사용, 사회주의 70년 간 러시아 알파벳 사용.
종족 : 핫카 족 90퍼센트, 카자크 족 5퍼센트, 소수 민족 5퍼센트.
종교 : 라마불교90%, 이슬람교5%. 기온 : 섭씨40도+-.

울란바타르

1.
러시아 새말고삐
수흐바타르*
내친 티눈 변발.

2.
해돋는 겔*꼭데기
흔드는 깃발
칭키스 말안장.

3.
풀밭 위 필하머니
한가득 양떼
시샘하는 야크.

4.
어깨춤 툴바 강
울렁울렁 울란바타르
무지개 아이들.

*수흐바타르: 러시아와 손잡아 중국을 몰아내고 1921년 독립을 이끈 인물.
1990년초 민주국가로 새로운 징기스칸의 나라가 되다.
*겔: 천막집.

〈2012. 6. 29. 울란바타르에서〉
새정형시 3·4·5·6조 '民調詩學' 제7호(2013. 하반기) 揭載.
2014. 4. 1. 경주 세계시문학대회 낭송.

흐미야 '흐미'*

1.
눈 덮인 '찬드마니'*
휘파람소리
전통창가 '흐미'

2.
'마두금'* 두 가닥 줄
일곱 음색 은
높고낮은 하늘.

3.
꼬깔쓴 때때옷'델'
전통 춤사위
풀섶 목동노래.

4.
'테르킨 차강노르'*
당나귀머리
먼산등성 '타키',
광천수 '바르샤'.

*흐미 : 세계 문화유산으로 지정된 2중 휘파람소리 같은 몽골 전통음악(고, 저음이 동시에 나옴).
*찬드마니 : 해발 3,000미터의 몽골 서쪽 홉드 지방의 한 곳. '흐미'가 유명.
*마두금 : 두 줄 현의 몽골 전통 악기.
*테르킨 차강노르 : 분화구, 호수가 있는 서몽골 체체르렉 지역.

〈2012. 6. 29. 울란바타르 국립공원에서〉
새정형시 3·4·5·6조 '民調詩學' 제7호(2013. 하반기) 揭載.

〈만델레이 Mandalay〉

'만델레이'* 꽃 대궐

1.
공파웅* 춤사위에 놀란 부처님
구름 피운 발레.

2.
우뻬인* 무지개에 금딱지 탁발(托鉢)
만델레이 불꽃.

3.
짓다 만 민군(Mingun)* 큰탑
황제의 눈물
강건넌 종소리(울리는 민군 종).

4.
신쀼미* 흰코끼리
이라와디*강
미얀마 옛꽃궁.

*만델레이 : 우주의 중심지 라는 뜻의 미얀마 제2도시. 문화 예술의 중심지. 마지막 공파웅 왕조의 수도.
*우뻬인 : 타웅타만 호수를 가로지르는 130년 된 1.2km 티크 나무다리 이름.
*샤가잉 : 만델레이 남쪽 20km 지역. 14세기 참 왕조의 첫 번째 수도.
*신쀼미 : 1826년 바지도 왕의 첫 부인. 흰 코끼리라는 의미를 가진 파고다로 민군 파고다와 마주한다.
*이라와디 : 남북으로 흐르는 미얀마의 젖줄로 만델레이를 거친다.

〈2013. 1. 26. 만델레이(Mandalay)에서〉
새정형시 3·4·5·6조 '民調詩學' 4347(2014). 상반기. 제8호 발표.

신뿌* 동자(童子)

1.
왕자옷 응석달랜
벅찬 가슴엔
자랑스런 합장.

2.
꽃단장 신뿌(shin pu) 새날
극락잇는 길
콧물흘린 목탁.

3.
큰스님 책펀 법당
황금가사들
깨친
가,갸,거,겨.

4.
불꽃향 만델레이* 인연의 땅엔
천년 영혼 향기.

*신뿌(shin pu): 평생 한 번 이상 승려가 되는 통과 의식.
*만델레이: 미얀마 중부에 있는 제2의 도시. 문화예술의 중심지. 마지막 공파웅 왕조의 수도.

〈2013. 1. 28. 미얀마 만델레이에서〉
새정형시 3·4·5·6조 '民調詩學' 4347(2014). 상반기. 제8호 발표.

티크* 탄 코끼리

1.
튕기는 영국 총알
산스카* 티크(teak wood)
(우뻬인 다리)
물 위 만년다리.

2.
목걸이 쇠줄등걸
흙튀긴 이빨
머리통 위 목동.

3.
통나무 굴린 코끝
엮은 뱃사공
뗏목 탄 강바닥.

4.
인삼문 별코끼리*
지키는 정글
미얀마 상머슴.

*티크(teak wood): 열대 우림 지역에 많은 나무 이름. 선박의 자재로 쓰이는 썩지 않는 '티크' 나무가 탐나 영국이 미얀마를 지배하게 되었다는 일화가 있을 정도임.
*산스카: 만델레이 북쪽 20킬로미터 떨어진 티크 벌목장이 있는 오지마을.
*별 코끼리: 국유재산 코끼리는 등에 별이 찍혀 있고 국가가 관리함.

〈2013. 1. 28. 만델레이에서〉
새정형시 3·4·5·6조 '民調詩學' 4347(2014). 상반기. 제8호 발표.

따웅지* 물장수

1.
뛰는 놈 등탄나래
설익은 자유
아웅산 아우성.

줄행랑 대포소리
쫓긴 투사들
갇혀버린 영혼.

2.
흔들린 물 드럼통
밀고당기는
언덕위 젊은 맘.

어금니 풀칠 바쁜
샨 스크리트
따웅지 물장수.

*샨스테이스트 : 미얀마 중동부지방 州 이름.
*따웅지 : 샨 스크리트 州都. 현 군부에 항거한 반군활동이 제일 심했던 곳으로 전쟁 미망인이 많고 주로 물 배달을 함.

〈2013. 1. 28. 만델레이(Mandalay)에서〉
새정형시 3·4·5·6조 '民調詩學' 4347(2014). 상반기. 제8호 발표.

〈베켄 Bagan〉

베켄(bagan) 꽃노을

1.
바랑 멘 파랑눈알
도포자락엔
이승 끈 저승 끈.

2.
내리친 눈살 아래
엎드린 사자
네 것도 나의 것.

3.
횃불든 불탑벌판
베켄 노을엔
목탁 없는 염불.

4.
안개 속 극락 향한
느린 코뚜레
물 위의 미얀마.

〈2013. 1. 27. 미얀마 베켄(bagan) 아난다 불탑에서〉
2013 현대시협 9호 발표.

'베켄'* 햇살

1.
베켄(bagan)* 왕 불국 정토
모래언덕은
'쉐지곤' 파고다.

2.
꽃보석 황금 불상
막다른 얼굴
붉힌 네 맘 내 맘.

3.
아난다*·틸로민로*
코끝 불향내
부파야*·남파야*.

4.
황금빛 벽돌 쌓은
베켄 새아침
'쉐산도'* 큰불탑.

*베켄(bagan) : 미얀마 중서부 Mandalay(만델레이) 주 수도.
*쉐지곤, 아난다, 틸로민로, 부파야, 남파야, 쉐산도 : 베켄(bagan)지역 불탑 이름.

〈2013. 2. 27. 미얀마 베켄(bagan)에서〉
새정형시 3·4·5·6조 '民調詩學' 4347(2014), 상반기, 제8호 발표.

뽀빠(Popa) 산* 기도

뽀빠(Popa) 산(山)
산주(山主) 귀신
사시나무손
고뿔에 취한 목.

헛기침 벼랑바위
금발린 돌집
신령님 해우소.

흔드는 굿판 위엔
눈감은 구걸,
사리진 두통병.

망보던 저승 사자
마귀할멈은
아직도 단칸방.

*뽀빠 山: 베켄(Bangan)지역의 바위 산. 토속 샤머니즘과 불교의 연합 형태인 무당집 같은 것이 있어 민간신앙의 성지라 함.

〈2013. 2. 28. 미얀마 베켄(Bangan)에서〉
새정형시 3·4·5·6조 '民調詩學' 4347(2014). 상반기. 제8호 발표.

〈양곤, 헤호〉

미얀마 망또

무릎 꾼 진신(眞身) 사리
나귀 탄 맨발
하늘 찾는 촌부.

멈춘 숨 걸친 가사
황토빛 천심
꿇앉은 생부처.

꿈피운 연꽃방석
물세례 축복
바다 띄운 호수.

외발로 젓는 나라
흔든 낚싯줄
새까만 소꿉 손.

〈2013. 1. 26. 미얀마 양곤(Yangon)에서〉
새정형시 3·4·5·6조 '民調詩學' 4347(2014), 상반기. 제8호 발표.

쉐더곤* 불빛

타나카* 어린 달빛
미얀마 미소
황금나라 불탑

네피도* 끌려간 빛
갇힌 방공호
잃어버린 옥쇠.

조랑말 오토바이
내쫓긴 거리
덩그런 쉐더곤.

오가는 달러꾼들
밍글라 공항
새움 트는 버마.

*쉐더곤: 양곤 시내의 황금으로 된 최고의 파고다(탑).
*타나카: 나무 이름. 미얀마인들이 돌에 갈아서 화장품처럼 얼굴에 바름.
*네피도: 미안마 내륙에 2010년 옮긴 새 행정수도.

〈2013. 1. 31. 양곤(Yangon)에서〉
새정형시 3·4·5·6조 '民調詩學' 4347(2014), 상반기. 제8호 발표.

양곤 돌다리

망둥어 찬빛 거낭*
멩글로브* 숲
걸어다닌 통발.

죽창 앞 탱크 승려
티크 숲 세상
치마 입은 사공.

달리는 불탑 마차.
꿇앉은 파랑
코끼리탄 목동.

강 건너 네모 나라
물찬 바닷가.
가슴튄 해질녘.

*거낭 : 참게.
*멩글로브 : 열대 해안가에 얼기설기 뿌리를 내려 숲을 이루는 나무.

〈2013. 1. 26. 미얀마 양곤(Yangon)에서〉
새정형시 3·4·5·6조 '民調詩學' 4347(2014). 상반기. 제8호 발표.

인레 갈매기

노젓는 황금 불탑
미얀마 헤호(Heho)*.
산속의 큰바다.

엉겅퀴 얼기설기
바라본 양곤
트럭버스 나라

갈매기 외발 쪽배
새 터 찾은 곳
수상마을 낄라*.

토마토 익는 쮼묘*
기다린 날개
요하마* 5일장.

*낄라, 요하마 : 인네호수 주변의 마을 이름. 고산에서 내려온 17개 마을에 100여 명씩 거주.
*쮼묘 : 인네호수 물 위의 밭.

〈2013. 2. 27. 미얀마 Heho 인레湖에서〉
새정형시 3·4·5·6조 '民調詩學' 4347(2014). 상반기. 제8호 발표.

꼬깔 통발 외다리

배고픈 풀섶초막
굽는 달빛은
흰물가 무지개.

조각배 저은 외발
장대친 거품
통발에 숨는다.

대발 속 놀란 꽃게
한밤 기도는
인레호 멱감기.

물마을(湖上洞) 행가레꾼
쉬리 아이들
이노래 저노래.

〈2013. 1. 29. 미얀마 헤호인레호수에서〉
새정형시 3·4·5·6조 '民調詩學' 4347(2014). 상반기. 제8호 발표.

〈죠시〉
첫해 뜬 조오시
불타는 연평도
토네가와[川]에서
쓰리랑 쓰나미
용암 나들이

〈시모노세키〉
불타는 산[火の山: 히노야마]
서해 바람
'칸몽교[關門橋]' 남행길
메이지[明治] 깃발
'하기야키[萩燒]' 횃불
경친 다자이후[太帝府]

〈큐슈〉
기리시마[霧島] 안개
소치 꽃구름
달리는 삼나무
카스라 연기

〈홋카이도〉
'오타루[小樽]'의 꿈
불타는 얼음
와카나이[稚內] 연정
몬베츠[紋別] 바람
'삿포로[札幌]'의 달
'치토세[千歲]' 날개
'노보리베츠[登別]'의 밤
'하코다테[函館]' 노래

〈오키나와〉
'아마미오시마[庵美大島]' 바람
방 빼
오키나와[沖繩] 연정

〈죠시〉

첫해 뜬 조오시*

1.
조오시[銚子]* 토네가와[川]
하양등대춤
첫해뜬 바닷강.

2.
9천 년 달인 간장
이은 빈쟁기

야마사·히게사,*
달구지 통통배.

3.
뜬구름 동녘깃털
다듬는 파랑
일렁인 연어강.

4.
갈대꽃 날개 바람
출렁이는 갈멧봉 자락
장대다리 풍력.

*조오시: 銚子. 이바라키현과 토네가와[川]를 사이에 두고 경계를 이루는, 일본에서 제일 해가 먼저 뜨는 치바현 최동쪽 끝.
*야마사·히게사: 원조 왜간장 제조 회사 이름.

〈2010. 11. 23 치바현 조오시市 등대에서〉
'自由文學' 95호(2015년 봄) 발표.

*짓고나서: 해가 제일 먼저 뜨는 일본 최동쪽 끝 치바현 조오시市는 반농·반어로 9천 년 역사의 '왜간장' 산업 지역. 이바라키현과 경계를 이루는 토네 강은 '동양의 도버'라 불리는 곳.

불타는 연평도

생트집 에미나이
엔엘엘(N.L.L) 티눈
끓이던 냉가슴.

꽂게 꿈 피튄 통발
숨통죈 연평
불구경 훈토시.

북새통 국제 전화
숯덩이 안창
어머니,
아버지.

어느 날 날리려나 나룻배 풍랑
기다리는 한얼.

〈2010. 11. 24. 연평도 폭격 뉴스 보며 일본 치바현 조오시市에서〉
'自由文學' 95호(2015년 봄) 발표.

토네가와[川]*에서

1.
물평선 둥근 하늘
덮은 태평양
하양 구름바다.

2
질그릇 연기꼬리
어선밭갈이
온천수 즐기는.

3.
늦가을 논밭둑엔
아열대 활엽
오리엔트 '도버'.

4.
이방인 날갯짓에
멈춘 아침 숨
토네 강 흰파랑.

〈2010. 11. 24. 치바현 조오시市 토네강가에서〉
새정형시 3·4·5·6조 '民調詩學' 제9호(2014 하반기)에 발표.

쓰리랑 쓰나미

쓰나미 쓰리랑엔
아리아리고
끊긴 길 덮친 길.

물벼락 후지산골
비친 해골들
메달린 사쿠라[櫻].

반도가 제낀 뭍에
피운 꽃잎은
하늘을 찔렀다.

분홍빛 조선하늘
복 틔운 고요
다시 본 무궁화.

〈2011. 3. 11. 日本 센다이[仙台] 해일(海溢)을 보며〉

용암 나들이

1.
거슬린 기름덩이 바뀐 불빛 꿈속의 섬광
살얼음 솥뚜껑.

생명줄 바뀐 변이 둥근 원자통
파고드는 우주.

2.
날다가 스러지는 지구별 사람
잃어버린 금뫼.

산마루 삼켜 드는 용트림 해일
하늘 흔든 지축.

3.
모래성 허풍선에 뒤덮은 휴지
바다 이룬 산골.

옹고집 뭉친 물탑 노여운 은하
달빛을 달랜다.

〈2011. 3. 12. 센다이 쓰나미를 보며〉

〈시모노세키〉

불타는 산[火の山 : 히노야마]*

1.
칼 잃은 빨간 왕관 떠돌다 걸린
겐류지마[源流島]* 활극.

매운코 얽힌 천황(天皇)
헤이지·겐지[平氏 源氏] 집안싸움은,
安德太子 핏물.

2.
떼깃발 양코화살 삐걱인 대문
깨진 사무라이.

3
거드름 히로부미[伊藤博文] 淸日條約
아카마 징구[赤間神宮] 리훙장(李鴻章) 붓끝,

놀란 세도 內海*,
조선 반도 칼질.

*히노 야마 : 火の山. 시모노세키 시(市)에 있는 산.
*겐류지마[源流島] : 세도내해 입구의 작은 섬.
*아카마 징구[赤間神宮] : 시모노세키 시에 있는 安德太子 신궁.
*세도내해[內海] : 일본 본주와 九州(큐슈), 四國(시고쿠) 사이의 바다.

〈2012. 12. 1. 일본 시모노세키에서〉
새정형시 3·4·5·6조 '民調詩學' 제9호(2014 하반기)에 발표.

서해 바람

1.
마천루 청라지구 하늘 찌르는
서해바람 대한.

달고 간 흐린 날개 꼬리연 바다
영종대교 하늘.

2.
한주먹 바윗덩이
오븐 위의 빵
벌렁거린 갯벌.

태극기 몸매자랑 건넌 노을에
긴 꼬리 방패연.

〈2012. 12. 1. 일본행 비행기에서〉

'칸몽교[關門橋]' 남행길

1.
꼬리연 후린 날개
군함조 힘줄
현해탄 넘는다.

2.
사카키[榊]* 달리던 길
치던 눈보라
친구길 영종도.

3.
오가는 물길 따라
구름 젓는 꿈
용유도 뱃노래.

4.
치솟는 하늘가엔
색동날개들
누비는 지구촌.

*칸몽교: 關門橋. 일본 본주와 구주를 잇는 다리.
*사카키[榊]: 일본 구마모토시에 살던 친구.

〈2012. 12. 1. 일본 시모노세키[下關] 가는 길〉
'自由文學' 95호(2015년 봄) 발표.

메이지[明治] 깃발

범선 탄 가죽꼬리
밟힌 시바이*
문 열어라 게죠[下女]*.

잠깨운 타카스키[高杉 晋作]*
코쟁이 득달
맛봬 준 고쟁이.

소시지 가마 타고
가자,
에도[江戸]로

콩볶던 섬나라.

뒤섞인 士農工商
춤추는 안뜰
대륙의 말안장.

*시바이 : 일본 씨름.
*게죠[下女] : 아랫 사람들(여기서는 일본을 지칭).
*타카스키 진자쿠[高杉晋作] : 야마구치현 출신 메이지이신[明治維新]의 기수.

〈2012. 12. 1. 下關 타카스키 기념공원에서〉
새정형시 3·4·5·6조 '民謠詩學' 제9호(2014 하반기)에 발표.

'하기야키[萩燒]*' 횃불

안창엔 오매불망
사랑방 온돌
기다리는 꽃밤.

언 발로 찾은 향내
하늘 오르는
매끈한 흙가루.

저은 손 물결넘어
일군 불꽃은
반도인 조선흙.

한가득 피운 연꽃
이작광·이경(李勺光·李敬)
지리산 천왕봉.

*하기야키[萩燒]: 임진왜란 때 지리산 지역에서 잡혀간 도공 李勺光·李敬 형제가 일궈 효시가 된 일본 3대 도자기 중 하나.

〈2012. 12. 3. 日本 야마구치[山口]현 '하기[萩]시'에서〉
'自由文學' 95호(2015년 봄) 발표.

경친 다자이후[太帝府]

허기진 새털하늘
졸리던 영주
대마도 냉가슴.

현해탄 뱃머리엔
려·원(麗·元) 화살촉
노려보는 왜구.

회오리 반도 핏발
경친 물등성
훈토시 아우성.

텐만구[天滿宮] 혼비 백산
김방경 호령
엎드린 게다짝.

*다자이후 텐만구[太宰府 天滿宮]: 후쿠오카[福岡]지역 관청(13세기)
*김방경(金方慶): 13세기 일본 정벌갔던 여·몽 연합군 사령관(필자 26대조).

〈2012. 12. 1. 일본 다자이후[太宰府] 박물관에서〉
'自由文學' 95호(2015년 봄) 발표.

〈큐슈〉

기리시마[霧島]* 안개

층층집 화산재는
하늘 받든 불
망보는 삼나무.

'아소산'* 비켜맞은
태평양 바람
'운젠'* '야쿠시마'*.

바람막 큐슈 땅엔
물위 옥동자
잠재우는 파랑.

증기탕 일곱 온천
품은 초록잎
바나나 지킴이.

*아소산 : 일본 큐슈 복판의 활화산.
*'운젠' '야쿠시마' : 큐슈 나사사키쪽 활화산, 가고시카 앞바다의 화산섬.

〈2014. 2. 7. 큐슈[九州] 기리시마[霞島] 온천에서〉
새정형시 3·4·5·6조 '民調詩學' 제9호(2014 하반기)에 발표.

소치* 꽃구름

안개골 튄 삼나무
사쿠라 지마[櫻島]
내뿜는 황연기.

물안개 덮어감은
기리시마[霧島] 혼
넘본 가고시마.

호들갑 아나운서.
진땀 뺀 눈비
저 소치 올림픽.

불위에 앉은 게다
얼음 춤추는
새하얀 훈토시.

*소치 : 러시아 동계 올림픽 개최지. 발음이 같은 일본의 지역명도 있음.

〈2014. 2. 8. 미야자키 都城(미야코노 죠)에서〉
'自由文學' 95호(2015년 봄) 발표.

달리는 삼나무

임금님 사모 관대
밤샌 애기꽃
오키나와 손님.

활 쏘는 기모노 에
감긴 탕관 끈
별보는 조선 흙.

타다만 검정흙위
빨간 동백꽃
윙크 던진 댓닢.

우거진 겨울나무
하늘가린 건
동북 큰눈바람.

〈2014. 2. 9. 日本 미야자키[宮崎] 미야코노쵸[都城]市에서〉
'自由文學' 95호(2015년 봄) 발표.

카스라* 연기

태평양 이브스키[指宿]*
다다미* 내음
열도의 막둥이.

카스라 말린 선반
질그릇 탄내
사츠마 막사발.

꿀앉은 뒷꿈치에
걸린 항공탑
야마토 외마디.

야자수 펄럭이는
이즈미 반도
지킨는 파랑꿈.

*카스라 : 훈제 참다랑어. 마쿠라자키[枕崎]지역 특산품.

〈2014. 2. 11. 가고시마[鹿兒島] 마쿠라자키[枕崎]市에서〉
새정형시 3·4·5·6조 '民調詩學' 제9호(2014 하반기)에 발표.

〈홋카이도〉

'오타루[小樽]*'의 꿈

실려온 물장구 길
네델란드 길[和蘭운하길]
꿈꾸는 야마토*.

청어떼 몰고 다닌
아이누 주판
북적거린 파시.

달 띄운 러브레터
새 하얀 나라
오켕키데스까(안녕하십니까).

뱃노래 사무라이
앙꼬과자 꿈
北果樓(킷카루) 六花亭(롯카테이).

*오타루[小樽]: 한때 청어잡이 항구·운하가 발달된 삿포로 인근 관광도시.
*야마토: 大和. 일본
*北果樓(킷카루) 六花亭(롯카테이): 오타루의 특산 과자점(상호).

〈2015. 9. 1. 일본 오타루에서〉

불타는 얼음

1.
바라본 가을바람
북양 캄차카
부릅뜬 명태눈

2.
大雪山 눈보라에
걸린 턱수염
긴꼬리 활잡이.

3.
인디언 칼날가는
오오츠크 밤
바라본 야마토.

4.
베링해 개썰매는
겨울공화국
뒤진 몽골반점.

몬베츠[紋別]: 북해도 와카나이 동쪽 도시.

〈2015. 9. 1. 일본 北海道 노보리베츠[登別]에서〉

와카나이[稚内]* 연정

1.
쪽발이 부린 앙탈
불질린 동해
등터진 홑적삼.

2.
사할린 핫바지들
안창 고향 흙
사무친 꺼먹탄.

3.
총잡은 오오츠크*
(로스케 따발총구)
낚인 기름통
와카나이 통곡.

4.
대륙 꿈 철길 삿바
굴린 잔머리
곰그린 일장기.

* 와카나이[稚内]: 일본 최북단. 철도 종단점. 러시아와 56km.
* 오오츠크: 1983년 KAL 민간기가 러시아 공군의 포격을 맞은 곳.

〈2015. 9. 1. 와카나이[稚内] 해변을 바라보며〉

몬베츠[紋別]* 바람

1.
베링해 개썰매는 겨울공화국
헤멘 몽골반점.

2.
흐르는 어름조각 비집은 물범
바다사자 쉼터

3
거울앞 참꽃피운 지평선위에
봄바람 염소똥.

4.
연어알 품은 어부
낚은 오징어
북해도 저녁 놀.

몬베츠[紋別] : 북해도 내륙 동쪽 도시.

〈2015. 9. 1. 일본 노보리베츠[登別]에서〉

'삿포로[札幌]*'의 달

북해도 터는 명태
조선 돛단배
누빈 오오츠크.

지구공 넝쿨바위
헤엄치는 별
하늘나는 나래.

종울릴 융단아래
들락거릴 숨
타고난 유생물.

하늘땅 채운바람
품는 연어알
풀어논 연꾸리.

*삿포로[札幌] : 北海道庁 소재지. 인구 130만.

〈2015. 9. 1. 일본 삿포로[札幌]에서〉

'치토세[千歲]*' 날개

첫배 뜬 산꼴짜기
소머리국밥
허기 채운 천황.

날고 뜬 나무곳배
뚫은 지구공
걷어치운 물레.

얼음땅 피는 연기
되살린 황금
용솟음 불구덩.

새로 온 색동날개
잊은 훈토시
하얀맘 조선맘.

*치토세[千歲] : 삿포로 관문으로 공항도시.

〈2015. 8. 30. 일본 치토세에서〉

'노보리베츠[登別]*'의 밤

아이누* 물레소리
도깨비 불눈
밤세운 승냥이.

담근달 마신 황산
흐르는 용암
거꾸로 선 지구.

북치며 적신가슴
삿포로 비루(Beer)
노보리베츠[登別] 밤.

두고온 오키나와
뚫린 하늘 속
바람을 날린다.

*노보리베츠[登別] : 북해도의 도시.
*아이누 : 홋카이도[北海道], 오키나와[沖繩] 원주민.

〈2015. 9. 1. 일본 노보리베츠[登別] 여름축제[地獄祝祭]장에서〉
'한국현대시' 2015. 하반기호 게재.

'하코다테[函館]*' 노래

춤추는 하코타테
명태찜 군침
아오모리 선장.

삼 연기 눈 벌판엔
꿈꾸는 새싹
홋카이도 연정.

별 그린 야마토 방(房)
앙꼬 움막집
옮겨 논 대서양.

당겨온 코쟁이들
베낀 철길은
소잡는 곰방대.

*하코다테[函館] : 혼슈[本州] 아오모리[青森]와 마주보는 北海道 관문도시.
개항이 빨라 기독교가 성행하였다.

〈2015. 8. 31. 일본 하코다테에서〉

〈오키나와〉

‘아마미오시마[庵美大島]*’ 바람

순두부 후야후야*
진이긴 참게
입다신 아마미[庵美大島].

공염불 신당[神社]사제
오하마[大浜] 해변
드나든 귀신길[神道]

사미셍[三線]* 사타우마[島唄]*
아리랑 흉네
뱀가죽 울림통.

달뜨는 류큐[琉球]왕국
은모래 산호
꿈속 사탕수수.

*아마미오시마[庵美大島] : 오키나와 위쪽의 가고시마 현 소속의 열도. 전통 농업은 사탕수수.
*후야후야 : 참게를 으깨 갈아서 순두부처럼 끓인 아마미 群島의 요리.
*사미셍 : 3줄로 튕기는 일본 악기.
*사타우마[島唄] : 아마미오시마의 토속음악.

〈2015. 9. 25. 일본 오키나와에서〉

방 빼

새소리 물소리로
삼베짜던 배
활 소리 총소리.

담 넘은 넝쿨 호박
네 것도 내 것
춤추는 죽창들.

엎드린 사탕수수
청 하늘 태풍
끌고 온 불덩이.

갈매기 걸린 칼끝
휘저은 하늘
나룻배 오키 섬.

〈2015. 9. 27. 2차 대전 격전지 일본오키나와 나하(那覇)市에서〉

오키나와[沖繩]* 연정

쓸려간 산호가족
멎은 총소리
새봄 든 모래펄.

거드름 아와모리[泡盛]*
시커먼 누룩
나하(那覇)*의 거품 술.

분탕질 휑리 바람
몰려다니던
어깨동무 물밭.

새손톱 맹그로브*
삼킨 참가재
멋부린 가로수.

*아와모리[泡盛]: 태국 쌀과 검은 누룩으로 발효시켜 만든 5代(130년)를 이어온 오키나와의 대표적인 술.
*나하(那覇): 오키나와 県庁이 있는 중심도시(인구 30여 만명).
*맹그로브: 열대 바닷가에 자생하며 큰 숲을 이루는 나무이름.

〈2015. 9. 27. 일본 오키나와[沖繩]에서〉

〈삼국지의 땅〉
장강 무한
루싼[廬山] 안개비
루싼 폭포[廬山瀑浦]
구강 연수정(九江 煙水亭)
황학루(黃鶴樓)
적벽루(赤壁樓)
멱라 굴원
악양루(岳陽樓) 붉은벽
챵샤의 별
마왕퇴 하늘
벌판의 두보사당
神이 된 마오[毛]
악록 서원(岳麓書院)
평강 杜 甫
챵샤[長沙] 충혼탑

〈샹하이, 헝조우, 장자제〉
찡호아 왕서방
서호(西湖) 잔물결
헝조우[杭州] 서호(西湖)
꿈꾸는 샹하이[上海]
샹하이 경복궁
조선의 곰방대

〈쟝자졔〉
쟝자졔[張家界]
노젓는 토가아씨
하늘문[天門]
향왕의 노래

〈쿤밍〉
윈난[雲南]의 바람소리
흙기둥 돌기둥
둥촨[東川] 붉은 흙
윈난[雲南]의 사람들
허리패인 바위

〈리챵〉
당링허의 별
리챵[麗江] 옛 별
샹그릴라[香格里拉]
설산골 백수대
성난 호도협(虎桃峽)
동파문자(东巴文字)

〈삼국지의 땅〉

장강 무한

동정호 배 띄워논
1천만 우한[武漢]
거꾸로 뜬 젓줄.

토가족(土家族) 동족·묘족(同族·苗族)
강소·호남·북(江蘇·湖南·北)
물길 탄 꼭지점.

류우싼[盧山] 터진 폭죽
낙수 3천 척
챵쟝[長江]
쥬쟝대교[九江大橋].

무창어(武昌魚) 무지개꿈
어망 여울엔
옛3국
위·오·촉(魏·吳·蜀).

〈2012. 2. 16. 중국 우한[武漢] 챵장[長江]에서〉
새정형시 3·4·5·6조 '民調詩學' 4347(2014), 상반기, 제8호 발표.

루싼[廬山] 안개비

서리는 은빛날개
물안개 루싼[廬山]
포양호(湖) 한양봉(峰).

참나무 고추바람
매화 춤 걸린
5색 명주타래.

도연명(陶淵明) 귀거래사(歸去來辭)
헛꿈 자리엔
만만디 꿀단지.

나비떼 물동이 인
이태백(李太白)·펄벅
산신령 놀이터.

챵제스[蔣介石]·마오쩌뚱[毛澤東].
대나무 무릅
앳띤 장강 달물.

*포양호(湖) 한양봉(峰): 루싼지역을 대표하는 호수와 산이름.
*도연명(陶淵明): 지오챵[九江]출신 시인.

〈2012. 2. 17. 중국 강서성(江西省) 루싼[廬山]에서〉
새정형시 3·4·5·6조 '民調詩學' 4347(2014). 상반기. 제8호 발표.

루싼 폭포[廬山瀑浦]

무지개 루싼 폭포
떠받힌 하늘

묵객들 나이테.

수봉사(秀峯寺) 천 년 바람
늘어진 대숲
길들이는 적송.

귓볼찬 겨울소철
지킨 온동네
관음 보살 황제.

3천 척 비행기탄
(飛流直飛三千尺)
이태백 홍안(紅顔 李太白)
뒷짐진 먼산들,

이바람 저바람.

〈2012. 2. 17. 중국 여산(廬山)에서〉
새정형시 3·4·5·6조 '民調詩學' 4347(2014). 상반기. 제8호 발표.

구강 연수정*(九江 煙水亭)

봇짐싼 연수정(煙水亭)은
주유* 놀이터
연(蓮)잎 위 백거이*.

태자좌찬선대부 강주사마
(太子左贊善大夫 江州司馬)
어깨 겨루던
한 유 이 백 두 보
(韓 愈 李 白 杜 甫).

밤새운 장안(長安) 기별
장강(長江) 뱃노래
이제나 저제나.

*연수정(煙水亭): 지오우 쟝[九江] 호수위의 정자.
*주유(周瑜): 삼국(위,오,촉)시대 오(吳)나라 장수.
*백거이: 白居易,白樂天. 불후 명작 비파행(琵琶行)을 지은 당나라 중기 시인.

〈2012. 2. 18. 중국 九江 煙水亭에서〉

새정형시 3·4·5·6조 '民調詩學' 4347(2014). 상반기. 제8호 발표.

황학루(黃鶴樓)*

날아든 무지개 새
학탄 늙은이
황학루 왕자안(王子安)*.

삼국 땅 손권·유비(孫權·劉備)
망루 한가득
한바탕 안창 살.

나이테 신해 혁명
태평 천국 난
무창·한양·한구(武昌·漢陽·漢口).

샛바람 얻은 영감(靈感)
부르는 최 호(崔 顥)*
먹가는 이태백.

고금대 장강·한강
뛰는 무창어
생기 돈 챵샤[長沙]물.

*황학루(黃鶴樓) : 후베이성우한[武漢]시(옛지명 : 武昌·漢陽·漢口)의 양쯔강 강변에 있는 악양루, 등왕각과 함께 중국 3대 루각 중 하나. 학타고 내려왔다는 선인 왕자안을 위한 기념 축조라는 설과 비문의(費文禕)가 선인이 된 이후 황학을 타고 이곳에 내려와 종종 머물렀다는 전설이 있다.

*최 호(崔 顥) : 8세기의 유명한 시인. 이백(李白), 백거이(白居易), 가 도(賈 島), 육 유(陸 遊), 양 신(楊 愼), 장거정(張居正) 등 황학루를 노래한 문사.

〈2012. 2. 18. 中國 武漢 황학루에서〉

새정형시 3·4·5·6조 '民調詩學' 4347(2014), 상반기, 제8호 발표.

적벽루(赤壁樓)

삼협물 배웅 적벽
장강 거드름
갈대숲 동정호.

관운장 호랑이 눈
조 조 콧방귀
주홍글씨 주 유(周 瑜)*.

제갈량 부채끝엔
섣달 동남풍
기다리던 불꽃.

역사터 급조 평강
삼국지연의(三國志演義)
요란한 빗소리.

*주 유(周 瑜):위·오·촉 삼국시절 吳나라 장수.
제갈량이 "하늘은 왜 주 유를 낳고 왜 또 諸葛亮을 낳았나"는 탄식이 유명함.

〈2012. 2. 19. 중국 洞庭湖 적벽에서〉

새정형시 3·4·5·6조 '民調詩學' 4347(2014), 상반기. 제8호 발표.

멱라 굴원*

몸 날린 미뤄강[汨羅水;汨水]엔
굴원(屈原) 붓뚜껑
사라진 초(楚) 나라.

대꼬챙 애국 시인
궁궁이꽂은
단오(端午) 큰북소리.

터세운 초사문학(楚辭文學)
마른 물길꽂
체운 황금머리.

깨어진 삼례 대부
'반고'의 원망
아까운 제주꾼.

*굴원:屈原. 초나라의 왕족 BC 343경 태어난 정치가, 시인
楚辭文學의 창시자.《楚辭》는 '九歌' 11편, '九章' 9편, '이소' '天問' '遠遊' '卜居' '大招' 각 1편 등 모두 25편이 실려 전함 (어부사(漁父辭)).

〈2012. 2. 20. 중국 멱라[汨羅]에서〉
새정형시 3·4·5·6조 '民調詩學' 4347(2014), 상반기. 제8호 발표.

악양루(岳陽樓)* 붉은벽

바람탄 붉은 화살
불타는 물밭
잠자는 아우성.

악양루 쌓인 그늘
찔린 하늘엔
허세뿐 가랑잎.

회랑에 날아다닌
검은 돌판글
별낚는 풍월들.

모랫배 저어가는
뚱보 왕서방
푸르른 동정호.

*악양루(岳陽樓) : 열군루(閱軍樓)라 했던 것을 716년 당나라 때 鄂州(악주) 태수 장 열(張 說)이 수리, 재건하여 '악양루'라고 이름을 고쳐 짓고, 그때부터 문인 재사들의 시를 읊는 유명한 장소가 되었다함.

〈2012. 2. 20. 중국 洞庭湖(동정호) 악양루에 올라〉
2013. 9. 27 한국문인협회 중국 기행 중 源家界에서 낭송.
새정형시 3·4·5·6조 '民調詩學' 4347(2014), 상반기. 제8호 발표.

챵샤*의 별

발뻔은 챵샤[長沙]들판
어깨풀 낭자
꾸덕살 손톱밑.

두고 온 산골어미
초생달 아들
마주친 우골탑.

빌딩 창(槍) 솟은 하늘
걸린 십자가(타워크레인)
오라오라 챵샤.

5색꿈 핏물 감은
붉은 흙덩이
콰일러 콰일러(빨랑와 어서와).

*챵샤[長沙]: 호남성 성도

〈2012. 2. 20. 중국 長沙에서〉
새정형시 3·4·5·6조 '民調詩學' 4347(2014). 상반기. 제8호 발표.

마왕퇴 하늘

새햇살 마왕퇴 묘(魔王堆 墓)
땅속 2천 년
하늘거린 속옷.

눈부셔 속탄 여인
챵샤[長沙] 옛노래
움켜안은 봄 꿈.

새론 숨 음양 5행
해와 달 뛰는
어리석은 이승,
두꺼비 까마귀.

'류량허' 흥얼거린
문지기들은
새벽별 흔든다,
늘어선 모복들.

*마왕퇴: 챵샤[長沙]에서 1972년 발굴된 2천 년 전 한묘(기원186년 전후)의 여인 미이라 및 남편 이 창, 아들이 함께 잠들어 있었다.

〈2012. 2. 21. 중국 챵샤 마왕퇴 박물관에서〉
새정형시 3·4·5·6조 '民調詩學' 4347(2014). 상반기. 제8호 발표.

벌판의 두보사당

비내린 황토 구릉
쌓인 이끼탑
살떠는 도롱룡.

비맞는 이국 버스
'두보(杜甫) 사당' 앞
아장아장 전족.

풀섶속 철창새집
붉은 울타리
시성 시선(詩聖 詩仙) 움막.

〈2012. 2. 21. 중국 남방 두보 사당에서〉
새정형시 3·4·5·6조 '民調詩學' 4347(2014), 상반기. 제8호 발표.

神이 된 마오[毛]

칆캐던 마오쩌뚱
푸른 사오싼[韶山]*
떠받든 쪼막손.

대나무 언덕아래
달 따던 潭·民*
함께 살던 산골.

이슬친 큰집에는
도야지 암말
둘러앉은 탁자.

고량주 호강하는
성지(聖地)된 소산(韶山)
돌덩이 모택동.

*사오싼[韶山]: 호북성에 있는 모택동 고향.
"나누어진 것은 합해지고 합한 것은 다시 나누어진다."는 말이 유명하다.
*潭·民: 모택동의 두 아들 이름.

〈2012. 2. 21. 중국 소산 모택동 생가에서〉
새정형시 3·4·5·6조 '民調詩學' 4347(2014). 상반기. 제8호 발표.

악록 서원(岳麓書院)*

후난(湖南)大* 늙은 숲속
'악록 서원'엔
황룡 붉은 탯줄.

처마끝 헤는 한기
모택동 찾은
강택민 면학실.

愛晩亭* 날아갈 듯
뾰족 처마끝
中華의 자존심.

새물결 익힌 마오(毛)
길떠난 장강
대륙을 바꾼다.

*'악록서원' : 모택동의 모교(사범대)인 후난대(湖南大) 교정 뒷산 정자.
*愛晩亭 : 후난[湖南]大學 뒷산 정자.

〈2012. 2. 21. 중국 창샤 후난 대학교에서〉
새정형시 3·4·5·6조 '民調詩學' 4347(2014). 상반기. 제8호 발표.

평강 杜 甫

남겨진 1천5백
6십년 방랑
엉킨 낭만·신비.

포로된 安록산 난
헤매인 중원
지키던 달무리,
허기채운 숙종*.

2차례 의기 투합
주관과 객관,
시선·시성 넋
푸른 성(城) 망국 한(恨).

*숙종:당 현종의 아들. 유랑하는 투 푸(杜 甫) 찾아 관직을 줌.

〈2012. 2. 21. 중국 평강두보사당에서〉

새정형시 3·4·5·6조 '民調詩學' 4347(2014). 상반기. 제8호 발표.

챵샤[長沙]* 충혼탑

핏줄튄 혁명깃발
챵샤[長沙] 메뚜기
흔드는 충혼탑.

물줄기 챙긴 마오[毛]
홍기(紅旗) 단 열사
뽐내는 후난성[湖南省].

*챵샤 : 중국 후난성[湖南省] 성도.
*홍기(紅旗) : 홍위병 깃발.

〈2012. 2. 22. 중국 長沙 충혼공원에서〉
새정형시 3·4·5·6조 '民調詩學' 4347(2014), 상반기. 제8호 발표.

〈샹하이, 헝저우, 장자제〉

띵호아 왕서방

절강성 이름지은 진시황 붓끝
굽이 돈 전단강.

양자강 능구렁이 1만3천리
붉은 흙 황톳물.

만만디 아쉬운 꿈 못 챙긴 하늘
볼거리 먹거리.

풍년든 소주·항주 넉넉한 천하
띵호아 왕서방.

〈2013. 9. 25. 중국 샹하이 기행 중〉
새정형시 3·4·5·6조 '民調詩學' 제9호(2014 하반기)에 발표.

서호(西湖) 잔물결

물결친 수양버들
봄바람속살
따라온 백일홍.

새아씨 치맛자락
북 친 西湖 섬
움트는 풋꽃씨.

주름살 천 년 다리
구름 너머엔
전단강,
뇌봉탑.

단입술 동파육*에
날리는 수염
아까운 이 하늘

*동파육：東坡肉. 蘇東坡(소동파)가 즐겨 먹었다는 돼지고기 요리.

〈2013. 9. 25. 중국 항조우 西湖에서〉
새정형시 3·4·5·6조 '民調詩學' 제9호(2014 하반기)에 발표.

형조우[杭州]* 서호(西湖)

넘나든 하늘가에 후리치는 빛
바람모은 범선.

유람선 읊는 시에 입맛 다시는
솔수염 소동파(蘇東坡).

날개단 참붕어는 방생 노파 덕(德)
서호(西湖) 지킨 십경(十景).

꼬리연 호수 덮은 구경꾼 용왕
손짓는 뇌봉탑(雷峰塔).

〈2013. 9. 25. 중국 형조우[杭州]에서〉
'自由文學' 95호(2015년 봄) 발표.

꿈꾸는 샹하이[上海]*

코쟁이 노포대교
흙탕물 부른
황포강 돛단배.

용머리 다여먼드
태강로 골목
만물상 바둑판.

푸동항[浦東港] 동방명주
걸친 로타리
거느린 2천만.

배부른 제비떼들
강남 꽹과리
넘보는 5대양.

〈2013. 9. 29. 중국 샹하이[上海] 기행 중〉
새정형시 3·4·5·6조 '民調詩學' 제10호(2015 상반기) 게재.

샹하이 경복궁

밀리는 죽창 대륙 홑적삼 변발
게다* 탄 카포*들.

닛본도 지른 굉음 大東亞 團結
외발이 쇠꼬챙.

태극기 임시청사 선비 안창은
조선바지 金 九.

윤봉길 '홍구' 공원 하늘나라엔
살구꽃 경복궁.

*게다 : 일본 나막신
*카포 : 앞잡이. 폴란드 말.

〈2013. 9. 29. 중국 샹하이[上海] 기행 중〉
새정형시 3·4·5·6조 '民調詩學' 제10호(2015 상반기) 게재.

조선의 곰방대

빈 대롱 대나무속 춤추는 땅콩
흰털 용수염엿.

8백 년 긴주둥이 룽징[龍井] 신선차,
어깨 위로 난다.

비파향(香) 섬섬 옥수 잠재운 달빛
길막힌 저녁놀.

숫총각 생미돌린 표류기에는
조선 대감 최 부*.

*최 부: 표류중 중국 남방에 상륙해 북경을 거쳐 귀국한 조선 선비.
표류기가 있음.

〈2013. 9. 28. 중국 상하이 기행 중〉
새정형시 3·4·5·6조 '民調詩學' 제9호(2014 하반기)에 발표.

〈장자졔〉

장자졔[張家界]*

숨멈춘 창칼기둥
눈길 휘감은
안개바위 요술.

후난 성[湖南 省] 구름·숲·산
폭포 도원경
손오공 책받침.

시루떡 돌탑바위
늙은 소나무
붓쟁이 이상향.

하늘 위 전원마을
벼랑꼭대기
모인 세계의 눈.

*장자졔[張家界]:중국 후난 성에 있는 지역 이름

〈2013. 9. 25. 중국 장자졔[張家界]* 기행 중〉
'自由文學' 95호(2015년 봄) 발표.

노젓는 토가아씨

칼잡은 산중턱 향*
원숭이 잔도(棧道)
장씨 원씨 나라

신선들 十리 화랑
나는 하늘은
꽃 향기 콧구멍.

노 젓는 토가(土家) 처녀
숯 가슴 총각
다 녹는 흰 가슴.

빙그레 신선봉에
걸린 발자국
외로운 하늘 문.

*향 : 장가계 지역에 숨어든 옛 임금.

〈2013. 9. 27. 중국 장자제[張家界] 천자산 기행 중〉
새정형시 3·4·5·6조 '民調詩學' 제10호(2015 상반기) 게재.

하늘문[天門]*

양자강 능구렁이
1만3천리
붉은 흙 붉은 물.

후난성[湖南省] 봉우리 숲
오관중 그림
모은 세계의 눈.

동정호 가는 길목
은시 대협곡
산 넘고 강 건너.

귀버섯 아삭아삭
입술에 감겨
체운 스산 바람.

*천문(天門) : 湖南省 長家界(후난성 장자제) 지역의 높은 바위산.

〈2013. 9. 25. 중국 장가계 기행 중〉
새정형시 3·4·5·6조 '民調詩學' 제10호(2015 상반기) 게재.

향왕의 노래*

백장협 천자 향왕
9십9승명[明軍]
내 손에 든 칼집.

천자산 용왕굴
귀곡잔도 구불 계단엔
공중차 1천리.

어필봉 괴암기석
창살3천개
통천길 장자제[張家界].

춤추는 귀곡잔도
벌렁거린 혀
천자산 천문산.

〈2013. 9. 28. 중국 장가계 천문산 기행 중〉
새정형시 3·4·5·6조 '民謂詩學' 제10호(2015 상반기) 게재.

〈쿤밍〉

윈난[雲南]의 바람소리

붉은 땅 걸린 바람
휘저은 비탈
넘나드는 구릉[丘].

속살 틈 솟고 삭아
마른 흙탑은
하늘받든 기둥.

켜켜히 잠든 조개
엉킨 고생대
함께 쌓인 물살.

모여든 소수민족
일군 꿈밭에
그리는 옛고향.

〈2014. 5. 16. 중국 운남 쿤밍 기행 중〉
2015. 1. 23. 낭송자료.

흙기둥 돌기둥

풀잎 인 짱배기*에
드리운 가지
쏘이는 봄바람.

3억 년 진흙벌판
앙상한 뼈대
나조배기 土林.

비바람 별빛 헤는
회색돌창들
돌숲[石林]이 되었다.

샤니족[滻尼族] 신난 치장
오색천 누짱[怒江]*
성난 티벳 물살.

*짱배기 : 머리 꼭대기. 영남지방 사투리.
*누짱[怒江] : 운남성을 흐르는 강. 미얀마로 흘러감.

〈2014. 5. 17. 중국 운남 기행중 구름 탄 土林 石林을 보며〉
새정형시 3·4·5·6조 '民調詩學' 제9호(2014 하반기)에 발표.
2014. 6. 27. 한국낭송 자료.

둥촨[東川]* 붉은 흙

곰삭은 쇳덩어리 둥촨[東川] 양탄자
감자싹 무우싹.

알곡딴 봄거두기 달구지 호사
뽑힌 보릿대궁.

소쟁기 붉은 언덕 두 마리 토끼
나비구름 그림.

바람이 빚어논 땅 산비탈 구릉
홍토(紅土) 파노라마.

*둥촨[東川]: 쿤밍 북쪽 3백 킬로 미터 지역 붉은 색의 땅.

〈2014. 5. 16. 중국 운남 기행 중〉
새정형시 3·4·5·6조 '民調詩學' 제9호(2014 하반기)에 발표.

윈난[雲南]의 사람들

하니족[合泥族] 다랑논 귀
홍허[紅河] 물도랑
초가집 모구빵.

먀오족[苗族] 짜요짜요(힘내 힘내)
화산제 풍악
사탕수수 당간(幢竿).

베짜는 오색쌀밥[花味飯]
왕관쓴 할매
둬이촌[多衣族] 부이족[布衣族].

라후[拉祜]족 빨던 개젖[犬乳]
안태 조롱박
타이[傣]족 춤사위.

옥빛물 검은 문신 얼굴을 묻은
두룽강 두룽족.

*화미판 : 쌀에 각종 물감을 들여 지은 전통 찰밥.
*춘절에 사탕수수 대를 집 앞에 세워두는 묘족 풍습(달콤한 생활을 기약).
*라후족 : 쿤밍서남부 국경지대 란창지역에 타이족 등과 분포. 조상이 조롱박에서 태어나 개의 젖을 먹고 자랐다 하여 개고기를 먹지 않음.
*두룽족 : 운남성의 북서쪽 지역 두룽강 협곡에 사는 고산족.

〈2014. 5. 16. 중국 雲南지역 기행 중〉

허리패인 바위

바위길 차마고도
윈난차[雲南茶] 고행
목마른 라마승.

어금니 아랫도리
갉힌 처마길
하늘 찌른 바위.

바랑멘 나귀안장
제흥에 겨워
덜거덩 벌거덩.

채찍질 거친 포말
루쟝[怒江]* 물머리
동방의 대협곡.

*루쟝[怒江] : 운남성 서북쪽을 흐르는 강.

〈2014. 5. 16. 중국 운남 쿤밍 기행 중〉
새정형시 3·4·5·6조 '民調詩學' 제9호(2014 하반기)에 발표.

〈리챵〉

당링허*의 별

설산 별 하늘 땅엔
꿈꾸는 호수
이목구비의 별.

마음속 샹그릴라
흔드는 달빛
청하늘 흰구름.

*당링허 : 동티벳지역의 지명.

〈2014. 5. 16. 중국 기행 중〉

리챵[麗江]* 옛 별

라시족 옥룡산신(玉龍山神)
골기와 챙긴
리챵[麗江] 황성 달빛.

거미줄 영혼 물길
비끼는 목줄
설산 구슬 물레.

용트림 목부(木府)솟대
호피(虎皮) 4백년
木王朝 옛 궁궐.

울타리 없는 동네
거미줄 골목
대문 없는 흐름.

*리챵 : 운남성 북서쪽 지역. 木씨 왕국이 있던 곳으로 왕궁에 울타리를 치면 木→困이 된다는 속설. 자금성 담장은 무소불위 권력의 상징일 뿐.

〈2014. 5. 16. 중국 윈난[雲南]성 기행 중〉

샹그릴라[香格里拉]*

1.
해와 달 샹그릴라 마음속에 뜬
이 저승 사는 神,

티벳불 라마승.

2.
말고삐 아이들은 풀밭 놀이터
소설 유토피아.

조셉록* 짜요짜요(힘내요 힘내)
약초 달인 님
당나귀 몰이꾼.

*샹그릴라 : 숨겨진 낙원. 티벳 말로 '식칼의 언덕길'을 뜻하며 '내 마음 속의 해와 달'로 지상극락을 의미한다고 함. 1930년대 영국인 작가 제임스 힐튼이 쓴 소설 〈잃어버린 지평선〉(LostHorizon)에 나오는 숨겨진 낙원(Paradise : 이상향)의 이름.
*조셉 록 : 소설 '잃어버린 지평선'의 실제 주인공. 리쟝에서 28년간 살다.

〈2014. 5. 16. 중국 기행 중〉

설산골 백수대

반짝인 탄산 칼슘
엉킨 백수대
중국 파묵깔레*.

태초 혼(魂) 설산 계단
야크털 온기
나시 족 색동 옷.

동파界 노래소리
흔든 얼음 골
따뜻한 하늘밑.

만년설 비춘 불심
메리싱 산봉
열세봉 태자빛.

*파묵깔레 : 터키 서부 석회산 지역.석회수가 넘쳐흘러 계단식 논처럼 된 곳.
*동파교 : 지금도 동파문자를 쓰는 나시 족이 믿는 원시종교.
세상만물은 혼이 있다.

〈2014. 5. 16. 중국 운남성 기행 중〉

성난 호도협(虎桃峽)*

호도협 흙탕 격랑
성난 티베트
샹그릴라 문앞

벼랑길 차마고도
인종 전시장
난쟁이 코쟁이

*호도협(虎桃峽) : 동티벳의 한 지역.

〈2014. 5. 16. 중국 기행 중〉

동파문자(东巴文字)*

1. 나시 족
3천년 동파문자 상그릴라는
평화·행복·자유.

죠셉록 읽은 분지 나시 족 하늘
푸르른 약초 꿈.

신로도(神路圖) 요괴 귀신 아우르는 힘
동파 사제 주술.

2. 잊혀진 숭배
나시 족 우러르는 하늘간 나귀
무덤 속 코뚜레.

저주 속 최후 만찬 사무친 핏발
기다리는 영장.

내일은 무엇으로 배를 채우나
깨진 나무 숟갈.

*동파 문자:东巴文. 중국 운남성의 나시족이 사용하는 상형문자.

〈2014. 5. 16. 중국 운남성 기행 중〉

제5부 태국 편

란나의 노래

취한 휜* 뛰는 파통*
손까락 돌린
질긴 란다 노래.

찹쌀밥 대바구니
맨손 숟가락
석청맛 목청맛.

붉은 뚱* 숨쉬는 힘
안녕 이저승
올라가는 어깨.

싸타리* 뿌리찾는
란나 낫따신 라라 예술학교.

*란나 : 치암마이 지역 12C~20C 왕국이름.
*휜 : 춤.
*파통 : 전통치마.
*뚱 : 깃발.
*싸타리 : 인형.

〈2015. 2. 11. 태국 치앙마이에서〉
계간문예 작가회 창간호 '想像탐구'(2015. 7) 발표.

왕국의 궁녀

8백년 이고 잔 집
신들린 궁녀
나무 옥좌 공주.

사진속 임금아빠
칼잡은 영화
피리인형 뿌리.

엎드려 받은 녹차
헛기침 속엔
회한의 즐거움.

새나라 보통사람
노젓는 공주
치앙마이의 딸.

〈2015. 2. 11. 태국 란나왕가의 마지막 공주를 보며〉
계간문예 작가회 창간호 '想像탐구'(2015. 7) 발표.

코끼리 아기나라

정글속 개울물엔 등탄 콕찍이*
뒤뚱거린 양코.

때때옷 구름타는 아기코끼리
그림을 그린다.

하이얀 도선지 땅 하늘 오르는
동화나라 꿈길.

영근 달 붉은 꽃닢 챙겨온 긴코
란나의 옛노래.

*콕찍이 : 코끼리 채찍으로 쓰는 연장.

〈2015. 2. 12. 태국 치앙마이 코끼리공원에서〉

쿤사(KunSa)*의 땅

아카족 꽃밭능선
트라이 앵글
붉은 새벽하늘.

타페무 솟는 문화
무너지는 꿈
줄행랑 철벽성.

신단수 비는 가슴
빠롱족 어깨
카랜족 라후족.

양귀비 대궁 떨친
맑은 눈동자
새향기 커피콩.

*쿤사(KunSa) : 메콩강 삼각주 고산지역 출신의 마약 왕(*1933. 5~2007*).

〈*2015. 2. 13.* 태국 양귀비 산등성에서〉

골든 트라이 앵글*

쿤사* 땅 금목걸이
빨간 양귀비
몰아낸
커피콩.

푸미폰* 품은 란나*
코프라 물병
흔드는 새 깃발.

메사츠* 큰집건너
작은 쉐더곤*
불빛감춘 짝퉁.

산등성 라후·카렌
흙탕 너와나
함께 뛴 메콩강.

*골든 트라이 앵글: 태국, 라오스, 미얀마 국경지역을 일컫는 말.
마약왕 쿤사가 아편거래를 금으로 하게 한데서 유래.
*푸미폰: 태국 국왕
*란나: 태국 북부지방에 700여 년(13c~20c) 역사의 옛 나라 이름.
*메사츠: 미얀마 쪽 국경도시 이름
*쉐더곤: 양곤에 있는 파고다 이름.
*카렌족: 목에 쇠줄을 감고 사는 고산족.
*라후족: 고구려의 유민으로 추정되는 태국 고산족.

〈2015. 2. 13. 골든트라이앵글 기행 중〉

메콩 강나루*

통통배 일렁이는
매콤한 강가
한잔 코브라 술.

치앙센 강나루엔
일체유심조(一切唯心造)
석가모니 하늘.

구름 위 산중나라
미얀마 샨* 州
마약향 커피향.

들끓는 짝퉁거리
넙적코 양코
왔다리 갔다리.

*샨 : 미얀마 동부지역 주 이름.

〈2015. 2. 11. 치앙센 메콩강가에서〉

미얀마 코뿔

비맞은 석가모니
황금종소리
트라이앵글 길.

비지땀 넘는 도랑
삼각땅 메콩
툭툭이·쏭테우*.

땀흘린 양곤하늘
네피도* 고함
자지러진 국경.

수도원 움켜잡은
미얀마 코뿔
쉐더곤 파고다.

*네피도: 미얀마 수도.
*쉐더곤 파고다: 양곤에 있는 미얀마 대표 파고다(사원)
*툭툭이·쏭테우: 태국 교통수단 오토바이를 개조한 차와 작은 트럭.

〈2015. 2. 13. 치앙센 기행 중〉

흐르는 콰이*

콰이강 무지개속
칸차나부리*
엠원(M1)·카미카제[神風]*.

곡괭이 정글 뚫은
벼랑 기찻길 샹글라부리*
껴안은 미얀마.

물뿌린 황포 스님
하얀 하늘맘
손모은 촌부들.

호수위 날아다닌
낚싯줄에는
월척 걸린 꿈길.

*칸차나부리, 샹글라부리: 태국 방콕부근 지명.
*엠원(M1)·카미마제[神風]: 미국소총·일본군 특공대.

〈2015. 2. 13. 태국 여행 중〉

김운중 시집 '운해 9만리' 평설

•— 정 성 수(丁成秀)

자유로운 영혼여행

정 성 수(丁成秀)
〈한국문인협회 시분과 회장〉

이번에 김운중 시인이 새로 상재하는 『운해 9만리』는 한마디로 말하자면 '기행 민조시집'이다. 제목이 시사하는 바와 같이 시적 화자가 낯선 나라들을 여행하면서 보고 듣고 느낀 것을 각 국가의 특별한 역사적, 환경적, 문화적 상황과 함께 단평적으로 노래한 작품들이다. 따라서 이 시집은 자유로운 영혼의 일종의 지구 탐색이라고 말할 수 있을 것이다.

'민조시'가 지니고 있는 형식상의 특징인 3,4,5,6조의 율조 때문이기도 하지만 그보다도 김운중 시인은 그가 다루는 시의 소재들을 그 특유의 간결 명확한 수사적 기법으로 짧게 표현하는 것을 선호한다.

특히 시의 구절 끝 부분을 주로 명사로 처리하는 것은 그만의 독특한 시작법이라고 말할 수 있을 것이다. 그 때문에 그의 시는 대체적으로 명료하고 힘차다. 불필요하게 난해해서 독자를 어리둥절하게 하는 일도 거의 없다.

시의 지나친 애매성이 적절히 잘 절제되어 있다. 그만큼 김운중 시인의 시는 시적 대상과 정면으로 마주선다.

다음 시를 살펴보자.

1.
너른 숲 회리바람 불덩이 운석
나뒹군 아우성.

2.
모래 위 돌편지엔 춤추는 공룡
천만 년 하늘가.

3.
엉킨 뼈 용암구덕 꿈속의 살점
돌이 된 중생대.

4.
쬔 햇볕 가라앉은 소금모래펄
코뚜레 말뚜레.

—「고비 공룡」 전문

중생대 공룡의 서식지인 몽골 서부지방의 고비 사막을 노래한 이 시도 기행시의 한 전형을 보여준다.

1연에서는 지구 숲 위에 '불덩이 운석'이 소용돌이치듯 떨어지는 태고의 상황을, 2연에서는 공룡이 살아가는 천만 년 전의 상황을, 3연에서는 용암 속에서 공룡의 뼈가 화석이 된 중생대의 상황을, 4연에서는 공룡 대신 말들이 사는 현대의 상황을 노래하고 있다.

지구별 위에서 펼쳐진 오랜 시간의 흐름과 함께 '고비사막'이라는 공간적 배경 속에서 이루어진 역사적 상황의 한 단면을 이처럼 축약해서 명료하게 보여준다.

시의 연마다 '아우성', '하늘가', '중생대', '말뚜레' 등 모두 다 명사로 끝냄으로써 독자의 눈앞에 시적 상황을 단호하고 명확하게 보여준다. 우리가 기억조차 할 수 없는 긴 시간이 한 편의 시로 짧게 집약되어 하나의 장면으로 전개된다. 시의 언어가 지니고 있는 특별한 힘이 아닐 수 없다.

다음 시를 살펴보자.

1.
바랑 맨 파랑눈알
도포자락엔
이승 끈 저승 끈.

2.
내리친 눈살 아래
엎드린 사자
네 것도 나의 것.

3.
횃불 든 불탑 벌판
베켄 노을엔
목탁 없는 염불.

4.
안개 속 극락 향한
느린 코뚜레
물 위의 미얀마.

—「베켄(bagan) 꽃노을」 전문

1연에서는 서양 출신 스님의 '도포자락'에 '이승 끈 저승 끈'이 매달려 있다고 노래한다. 절묘한 표현이다. 불교는, 아니 대부분의 종교는 현세(이승)와 내세(저승)의 연결 탐구가 아니겠는가. 그 절대의 탐구는 스님의 육체를 감싸고 있는 '도포자락', 즉 스님의 영혼의 '현실' 속에서 태어나는 것이다.

2연에서는 부처님상 아래 엎드려 있는 이 세상의 모든 권세와 '네 것도 나의 것'이라는 식의 타아 일치, 일체유심조를 노래한다.

3연에서는 시적 화자가 불탑이 늘어선 벌판 저쪽 산 너머로 저물어가고 있는 '저녁노을' 속에서 '목탁 없는 염불' 소리를 듣는다. 저승세계로 사라지는 이승의 '노을' 속에서 소리나지 않는 '염불' 소리를 듣는다는 표현은 이 시의 압권이 아닐 수 없다.

4연에서는 현실의 여러 가지 난관과 불확실성 속에서 모든 것을 생성하는 희망의 세계 위에 미래의 극락세계를 이루어 놓으려는 미얀마의 거시적 꿈을 노래한다. 따라서 이 시는 말하자면 불교를 통한 구원의 노래라고 말할 수 있을 것이다.

다음 시를 살펴보자.

1.
물평선 둥근 하늘
덮은 태평양
하얀 구름바다.

2.
질그릇 연기꼬리
어선 밭갈이
온천수 즐기는.

3.
늦가을 논밭둑엔
아열대 활엽
오리엔트 '도버'.

4.
이방인 날갯짓에
멈춘 아침 숨
토네강 흰 파랑.

—「토네가와[川]에서」

'수평선'을 '물평선'으로 표현한 것이 이채롭다. '태평양'이 '둥근 하늘(지구)'를 덮고 있다는 표현도 개성적이다. 파도를 '하얀 구름바다'로 표현한 것이나, '하얀'을 '하양'으로 표현한 것도 역시 개성적이다.

유니크한 생각과 표현들이 모여 한 편의 시를 훌륭한 언어예술로 승화시켜준다. 모든 시가 다 자기만의 시각, 자기만의 해석, 자기만의 표현을 지니는 것이 중요하다. 그것이 예술의 생명이므로.

다음 시를 살펴보자.

숨 멈춘 창칼기둥
눈길 휘감은
안개바위 요술.

후난성[湖南省] 구름 숲 산
폭포 도원경
손오공 책받침.

시루떡 돌탑 바위
늙은 소나무
붓쟁이 이상향.

하늘 위 전원마을
벼랑 꼭대기
모인 세계의 눈.

—「장자제[張家界]」

'장자제(장가계)'는 중국 후난성에 있는 유명한 관광지이다. 대단히 아름다운 절경이지만 외국에 널리 알려지기 시작한 것은 불과 10여 년밖에 되지 않는다. 중국에서도 그만큼 깊은 두메산골이다.

창날처럼 예리한 산봉우리, 칼로 잘라낸 듯한 수직 절벽, 장쾌한 폭포와 우거진 숲, 그윽한 호수 등 눈길을 돌리는 곳마다 저절로 감탄사가 튀어나오게 하는 장관의 연속이다.

시적 화자는 그 절경을 '숨 멈춘 창칼기둥/눈길 휘감은/안개바위 요술.'이라고 표현하는가 하면, '후난성[湖南省] 구름 숲 산/폭포 도원경/손오공 책받침.'이라고 표현하기도 하고, '시루떡 돌탑바위/늙은 소나무'를 보면 '붓쟁이(선비, 문인)'들의 '이상향'이라고 극찬하기도 한다. 그 절묘한 산천경개는 가히 천하제일경이라고 할 만하다.

다음 시를 살펴보자.

바위길 차마고도
윈난차[雲南茶] 고행
목마른 라마승.

어금니 아랫도리
갉힌 차마길
하늘 찌른 바위.

바랑엔 나귀 안장
제 흥에 겨워
덜거덩 벌거덩.

채찍질 거친 포말
루장[怒江] 물머리
동방의 대협곡.

—「허리 패인 바위」

'차마고도'는 오래 전부터 수많은 사람들이 중국 쪽에서 인도 쪽으로 말 위에 '차'를 가득 싣고 무역을 하러 오가는 길고도 험한 길이다. 그야말로 목숨을 건 지난한 장사길이다.

때로는 짐을 가득 실은 말들과 함께 천 길 낭떠러지 위의 위태위태한 좁은 산길을, 때로는 물살이 거센 강물을 힘겹게 건너야 한다. 가끔 사람과 말의 추락사고나 익사사고가 나는 죽음의 길이다.

먹고 사는 일이 간단한 수고나 고생 정도가 아니라 그야말로 목숨을 건 투쟁이라는 것을 실감나게 하는 기나긴 고행길이다. 시적 화자는 그 어려운 길을 '고행', '하늘 찌른 바위', '채찍질', '거친 포말', '루장(노한 강) 물머리', '대협곡' 등으로 다양하게 표현한다. 산다는 것은 그렇게 지난한 여행길이라는 것을 웅변해 준다.

다음 시를 살펴보자.

아카족 꽃밭 능선
트라이앵글
붉은 새벽 하늘.

타페무 솟는 문화
무너지는 꿈
줄행랑 철벽성.

신단수 비는 가슴
빠롱족 어깨
카랜족 라후족.

양귀비 대궁 떨친
맑은 눈동자
새 향기 커피콩.

—「쿤사(KunSa)」의 땅

'쿤사(KunSa)'는 국제적으로 널리 알려진 마약왕이다. 메콩강 삼각주 고산지역 출신의 중국계 사나이로서 오랫동안 태국, 미얀마, 라오스의 트라이앵글을 중심으로 세계의 마약계를 주름잡던 사나이다.

이 작품은 '쿤사'가 미얀마의 정부군에 투항하고 마약 재료인 '양귀비 대궁 떨친/맑은 눈동자'로 변신한 다음, 황금 삼각주에 마약 대신 '커피콩'의 '새 향기'가 휘도는 희망적인 세계를 노래한다.

다음 시를 살펴보자.

통통배 일렁이는
매콤한 강가

한 잔 코브라 술.

치앙센 강나루엔
일체유심조(一切唯心造)
석가모니 하늘.

구름 위 산중나라
마얀마 샨주
마약향 커피향.

들끓는 짝퉁거리
넓적코 양코
왔다리 갔다리.

—「메콩 강나루」 전문

동남아시아 메콩강 위에선 작은 '통통배'들이 수없이 오가고, 그 옆 강가에서는 관광객들이 '코브라 술'을 마신다. '치앙센 강나루엔/…석가모니 하늘'이 펼쳐져 있다. 그 '하늘'은 불교의 요체 중의 하나인 '일체유심조(一切唯心造)'의 '하늘'이다.

'모든 것은 마음먹기에 달렸다', '모든 것은 마음이 만든다'는 것이다. 불가에서 '마음', 즉 '정신'의 중요성을 갈파한 말이다.

'미얀마 샨주'는 '구름 위 산중나라'라고 할 만큼 깊은 산속이다. 그곳에선 '마약향'과 '커피향'이 함께 솟아오른다. 모방적 서양문화가 판치는 '짝퉁거리', 동양인과 서양인이 함께 거리를 활보한다. '왔다리 갔다리.'라는 마지막 표현이 대단히 익살스럽고 희화적이다.

시적 화자는 수많은 나라들을 여행하면서, 각 국가가 지닌 색다른 문화와 문명을 돌아보면서 지구의 역사와 지구인들의 삶의 숨결을 직접 몸으로 느끼고 체험한다. 그것은 시적 화자의 오감이 받아들이는 육신의 여행이자 형형한 사색의 눈빛을 지닌 영혼의 여행이기도 하다.

시집 「운해(雲海) 구만리」는 그 뜨거운 체험의 아름다운 시적 변주이다.

— 일당산 곰지기계곡에서

金運中—약력

• 1950. 慶北 義城 沙村 출생(安東金 方慶 27世 孫).
• 서울 城南高·檀國大 日文學士·漢陽大 經營學碩士(1986.8).
• 롯데 製菓(株)·해태 製菓(株) 勤務.
• 한국 유네스코 서울 협회 理事·국제 로터리 3650 지구 남솔 로타리클럽 제14대 회장(2009-2010).
• 안동김씨 대종회 이사.

• 2006. '月刊文學' 제109회 民調詩部 신인상 당선.
• 현재·韓國文人協會·국제PEN한국본부 회원.
현대시인협회 이사(국제위원)·한국민조시인협회 이사.
계간문예작가회 감사.

• 저서·기행민조시집『地球行』, 2007, 도서출판 천산
기행민조시집 2『아리랑땅』, 2009, 도서출판 천산
제3 기행민조시집『천산을 날면서』, 2010, 도서출판 천산
제4 기행민조시집『스리랑땅』, 2016, 계간문예
제5 기행민조시집『雲海 9만리』, 2016, 도서출판 채운재

• 주소·서울 구로구 신도림로110 우성A101-206(010-3080-8000)
·인천 부평구 부흥로269 八方舍廊(070-4224-8000)
• 본가·경북 의성군 점곡면 만취당로19
·E-mail : ok4080@hanmail.net

金運中 紀行民調詩 第5集

雲海 9만리

초판 인쇄 _ 2016년 4월 25일
초판 발행 _ 2016년 5월 27일

지은이 _ 金運中
펴낸이 _ 양상구
펴낸곳 _ 도서출판 채운재
주소 _ 100-861 서울시 중구 충무로2가 49-8(서울빌딩 202호)
전화 _ 02-704-3301
팩스 _ 02-2268-3910
손전화 _ 010-5466-3911
이메일 _ ysg8527@naver.com

ISBN 978-89-93829-05-1
값 15,000원